소리꽃

소리꽃

펴 낸 날/ 초판1쇄 2025년 9월 30일
지 은 이/ 김영환

펴 낸 곳/ 도서출판 기역
편　　집/ 책마을해리
출판등록/ 2010년 8월 2일(제313-2010-236)
주　　소/ 경기도 파주시 회동길 363-8 출판도시
　　　　　전북 고창군 해리면 월봉성산길 88 책마을해리
문　　의/ (대표전화)070-4175-0914, (전송)070-4209-1709

ⓒ 김영환, 2025
ISBN 979-11-94533-13-9 03810

 이 책은 친환경 재생용지로 만들었습니다.

김영환 시조집

소리꽃

펴내는글

시인의 행복

  행복하게 산다는 것 누구나 꿈꾸는 것이 아니겠는가? 하지만 소소한 일상의 행복에서부터 살아오는 과정에서 부대끼며 생채기를 아우르고 다듬어서 생기는 추억이 또렷하게 피어나는 응축된 예쁜 시어를 끄집어내 음미해 보는 행복도 있을 것이다.

  일상에서 그저 바라만 봐도 행복한 미소가 절로 피어오르는 피붙이 같은 삶을 산다는 것은 어려운 일이겠으나 인생 여정에서 이상적인 삶은 녹록지 않음이라. 따라서 다양한 사회적, 학문적, 예술적인 분야에서 자기 발전이나 공동체의 삶을 통해 행복이란 단어를 찾기 마련일 것이다.

  나의 시란 무엇이냐고 물어본다면 아픈 삶을 맷돌에

갈아내어 채로 걸러낸 눈물이라고나 말할까 보다.

  쉽게 말하기 어려운 표현이다. 그 누구엔들 아픔이 없고 응어리진 상처가 없겠는가. 하여 그러한 상처들을 예쁜 언어로 어루만지면 한 편의 시가 되는 것이다. 그래서 독자들의 아픔까지도 어루만지며 글을 통해서 동행하는 아름다운 행복이 아닐까. 이게 내가 말하고 싶은 행복이다.

  요즘은 시조 짓는 시간을 많이 할애하고 있어 행복감을 배가하고 있다. 절제된 음보의 함축성에서 주제에 걸맞은 시구를 떠올리는 감정이입에 매료되었을 때 또 다른 행복을 느끼고 있다.

  새가 소리를 내 울고 있는 것과 예쁜 소리로 노래하는 것은 같음과 다름이란 분별의 차이 없는 시인의 감정이다.

뭉게구름의 형상이 자연의 흐름에 따라 변하고 지워지고 또 다르게 형성된 구름을 바라보듯 행복이란 늘 변하는 시대의 흐름과 관계 속에서 속앓이도 하고 삭이며 뱉어내기도 하듯이 시인의 행복이란 갈망과 절망 속에서 거울 속의 자기 모습을 보며 살짝 미소를 짓듯이 시어를 토해내는 일이다.
　밤새워 번뇌와 회한에 젖어 추억의 책갈피를 들추다가 지금도 잠들지 못한 낮달을 보면서 한 편의 시를 지어 본다. 이게 시인의 행복이 아닐까?

김영환

차례

004 — 펴내는글

제1부. 소리꽃

014 — 소리꽃
016 — 감성무(感性舞)에 취하다
017 — 청산에 살라 하네
018 — 그리움 버리다가
019 — 사계절 고운님
020 — 이별을 내려놓다
021 — 5월의 풍경 -月湖亭舍에서
022 — 공허(空虛)란 무엇인가
024 — 사군자
026 — 이강주
027 — 허강(虛腔)은 말없다 하네
028 — 하늬바람
029 — 충정이 넘쳐나니
030 — 을사년 새 아침에
031 — 단오야 응답하라
032 — 인명사전
034 — 태양은 떠오르고
035 — 안중근 유묵 서각 전시회

제2부. 구시포 바다의 노래

038 — 오동꽃

039 — 구시포 바다의 노래

040 — 꽃무릇 비가(悲歌)

042 — 만월

043 — 자귀나무

044 — 석정의 벚꽃

045 — 서해 낙조

046 — 개이빨산

047 — 갈잎에 잠들다

048 — 참당암(懺堂庵)

049 — 선운산 풍경

050 — 도솔산에서

051 — 곰소만 노을

052 — 선운산 단풍

053 — 선운사(禪雲寺)

054 — 서해랑길에서

제3부. 상사화

056 — 상사화

057 — 명자꽃

058 — 동백꽃

059 — 수선화

060 — 목련화

061 — 백련화

062 — 선운산 꽃무릇

063 — 분홍 상사화

064 — 해당화

065 — 능소화

066 — 홍련화

067 — 장미꽃

068 — 백양꽃

069 — 배롱나무꽃

070 — 위도상사화

071 — 가시연꽃

072 — 백도라지

073 — 아그배꽃

제4부. 고향 생각

076 — 고향 생각

077 — 어머니 1

078 — 어머니 2

079 — 어머니 3

080 — 기다림

081 — 회한

082 — 잠 못 드는 밤에

083 — 나 없어라

084 — 비우고 나니

085 — 사유가 깊어지니

086 — 일상을 돌아보며

087 — 그리움 1

088 — 그리움 2

089 — 그리움 3

090 — 삶이란

091 — 취한 밤이 서럽다

092 — 비움으로 살란다

093 — 멧짐승 소리

제5부. 풍경 소리

096 — 보름달 1

097 — 보름달 2

098 — 새벽달

099 — 갈잎의 노래

100 — 목부작 바라보니

101 — 상현달 비추나니

102 — 봄이 오는 소리 1

103 — 봄이 오는 소리 2

104 — 풍경소리

105 — 파밭

106 — 샘물식당

107 — 과하주

108 — 고구마

109 — 백련사

110 — 그리스로마신화에서

111 — 뭉게구름

112 — 애기단풍

113 — 석곡 목부작

114 — 친구 생각

115 — 기러기 날아가고

부록. 시조 노래

118 — 고향 생각

120 — 구시포 바다의 노래

제1부. 소리꽃

소리꽃

어젯밤 꿈속에서 그녀를 만났지요
꽃비녀 감추듯이 댕기를 따다가도
소리청 멋들어지게 깨소금을 뿌리네

노을이 짙어가는 검당포 파도소리
바다는 소리 내어 북장고 치는구나
어여차 돗자리 깔고 뱉어내는 그리움

고결한 숨소리에 경수산 만월일세
빗살에 목청 돋워 어머니 불러볼 제
회한을 깔아놓으니 그림자만 비치네

그믐밤 바람 잡아 맷돌에 갈고 나니
상사화 피고 지고 이슬로 떨어지고
곰소만 소리꽃 피어 한양까지 닿았네

얼씨구 절씨구나 백의를 걸치고서
삼천리 금수강산 모두가 하나되어
바닷가 모래언덕에 소리꾼이 모이네

예지몽 꿈속에서 목울대 돋우나니
휘영청 달빛 아래 채선의 소리꽃에
판소리 유구한 역사 누천년을 이으리

감성무(感性舞)에 취하다

속세를 등지고서 방락객 삼천리에
고행의 길손에서 자아를 떨치고서
마음밭 일구어 놓고 가꾸어 온 터전에

명당을 보았거니 담양에 터를 잡아
풍류를 알고 있나 그대의 감성무여
소슬한 대숲바람에 천년학이 흐르네

청산에 마음 담고 녹수에 발 담그니
들리는 소리마다 청량한 춤사위네
감성무 무아경 속에 숭고함이 흐르네

혼으로 빚어내어 소리를 토해내니
신들의 합창인가 경이의 세상인가
하늘을 우러러보니 백학들이 춤추네

홍매화 백매화가 꽃피고 물오르고
멧짐승 멧새들도 영혼의 춤을 추는
다향의 죽신황금차 희로애락 벗는다

청산에 살라 하네

청솔은 말없이도 교교히 자라나서
티 없이 맑은 날에 환하게 웃고 있다
심산의 뿌리 깊은 곳 비움으로 살란다

가림막 거두고서 생로사 논하다가
불어온 바람 잡아 묻노니 공허하다
그림자 쫓아온 달빛 고이 접은 미소여

목말을 뒤뚱이며 아해야 가자꾸나
방긋한 술내음에 꽃피는 시절이여
놀빛이 익어가는 곳 쉬어가라 술래여

그리움 벼리다가

문창살 다듬다가 세월을 쓰다듬다
환하게 묻어나는 솔내음 향기 취해
유년의 추억 속에서 유영하는 생채기

아리운 기억 찾아 물감을 풀어놓고
필봉에 매지구름 강나루 건너가듯
살아온 세월 속에서 접어놓은 화선지

휘영청 달빛 아래 멧짐승 울음소리
호롱불 밝혀놓고 누구를 기다리나
빛바랜 사금파리만 다래다래 열렸네

사계절 고운님

붉게 핀 꽃보다 더 진한 사랑 앞에
봄바람 사붓사붓 눈 녹듯 내려앉아
시냇가 버들강아지 살포시 눈을 뜬다

올여름 기약하고 떠난 임 소식 없고
장대비 앞을 가려 눈물만 흘리는데
앞산은 등 뒤에 숨어 한숨만 쉬는구나

가을비 내리는데 바람도 차갑구나
단풍잎 붉어지고 서러움 짙어가고
애닯다 겨울로 가는 고운임 그리워라

하세월 언제던가 고드름 엮어가듯
내 마음 고이 접어 그리움 고이 접어
왼종일 서성이다가 사계절이 지나네

이별을 내려놓다

꽃무릇 예그리나 기다림 하염없어
꽃대궁 바위 뚫어 도솔산 세워놓고
꽃자루 바람 앞에서 소담하게 서 있다

나비잠 깨어나서 살포시 눈을 뜨고
물안개 포근하여 기지개 어엿하다
뿌리로 갈무리하는 도솔산의 꽃이여

놀 빛이 곱다 하여 저리도 서러울까
임이여 임이시여 꽃이여 꽃자루여
별리의 실타래 감아 고운 아미(蛾眉) 감추네

※ 예그리나: 사랑하는 우리 사이

5월의 풍경

—月湖亭숲에서

바람은 어디에서 오는가 해~바라기
토담길 찾아오는 오월의 밀어인가
봉긋이 솟아오르는 풀피리 불던 시절

하오의 그림자가 용해된 쪽빛 미소
심산의 산비둘기 놀라서 꾸룩꾸룩
바람이 흩어지듯 송홧가루 날리네

월호정 풍경소리 어머니 옛 흔적에
곰소만 바라보니 그리움 붉어지고
저녁놀 대숲바람이 살그머니 내려앉네

공허(空虛)란 무엇인가

공허란 무엇인가
삶이란 무엇인가
심중의 그늘 아래
바라만 볼 뿐이다
숨어서
살아온 번뇌
그림자에 갇힌다

오롯이 살고프다
지은 죄 삶이려나
풀어서 하늘이고
말라서 바람이다
파장을
일으켜왔다
심장 안에 뜬구름

고요를 탓하랴만
빈마음 허허롭다
옳거니 육신 눕혀

거꾸로 바라보자

삶이란

무엇인가는

묻는 자의 몫이다

사군자

초연한 심성으로 불변의 섭리 따라
지조와 절개 지켜 천만년 빛나리니
순백의 지고지순한 매난국죽 꽃피네

매화꽃 일편단심 난초의 고운 자태
국화향 만 리 가고 대나무 금석일세
도리의 천하일품이 사군자가 아닌가

[매화]
살얼음 녹여내듯 동풍이 따사로워
설한풍 삭여내고 고운 눈 미소 짓네
순백의 햇살 지피는 향기로운 꽃이여

[난초]
순풍에 산들대듯 갓난애 옹알이듯
바람결 간들간들 흰구름 둥실둥실
별천지 무릉도원의 선경에서 피었네

[국화]
실바람 불어오니 만개한 눈부심을
시집간 누이에게 전할까 망설이다
색동옷 갈아입고서 함박웃음 번진다

[대나무]
푸르른 대숲 바람 눈 속에 파묻히어
심지를 곧추세워 긴긴밤 불사르며
인고에 꺾이지 않는 호기로운 기개여

이강주

이강주 마시고서 시조를 읊조리다
먹물을 흩뿌리며 어깨춤 들썩들썩
마음밭 일구는 데는 이강주가 으뜸일세

바람이 구름밭에 쟁기질 하고 나니
목울대 넘어가는 창생의 이강주여
정토의 무아경지가 따로 없는 선경일세

무지개 갓 피어서 하늘길 열리나니
온 세상 두루두루 마음이 평화일세
찰나와 영겁의 세월 이강주에 꽃 피우네

허강(虛腔)은 말없다 하네

청솔은 말없이도 교교히 자라나서
티 없이 맑은 날에 환하게 웃고 있다
심산의 뿌리 깊은 곳 비움으로 살란다

가림막 거두고서 생로사 논하다가
불어온 바람 잡아 묻노니 공허하다
그림자 쫓아온 달이 고이 접은 옷고름

목말을 뒤뚱이며 아해야 가자꾸나
방긋한 술내음에 꽃피는 시절이여
놀빛이 익어가는 곳 쉬어가라 술래여

※허강(虛腔) : 저자의 아호

하늬바람

밤빛이 잦아드니
구름이 몰려온다
바람이 부는 대로
덧없는 생각들이
아픔에
저리다 끝내 세월만을 탓하네

밤새워 부르다가
지쳐서 쓰러진들
보는 이 없다 해서
뉘라서 알까마는
예스런
바람소리만 멀리멀리 떠나네

충정이 넘쳐나니

조선의 풍전등화 국난의 위태로움
백두산 한라산이 회오리 휘감을 제
오호라 짓밟힌 울음 지천에서 울리네

만백성 민초들의 구국의 충정에서
왜구를 멸하고자 불같이 발현하여
전라의 과거시험에 인산인해 이루어

난세를 평정하고 나라를 구하노니
오목대 큰 잔치는 불멸의 백의민족
누천년 이어가리라 전주별시 어사화

※ 제7회 1593 전주별시 응모작(시제: 태조 이성계 전승기념 오목대 잔치)

을사년 새 아침에

동방의 천지간에 백설이 흩날릴 제
천하의 대명천지 광명이 눈부시다
온 세상 눈꽃송이가 휘황찬란 빛나리

세속에 묻은 때를 벗기고 일어서서
새날의 굳은 결기 두 팔 벌려 포효하니
무궁한 대한민국은 세계의 으뜸이다

위기와 환란으로 세상이 어지러워
민중의 지팡이를 올곧게 세워놓고
염원의 희망찬 기운 영원하리 믿는다

단오야 응답하라

단오야 응답하라 오월의 푸른 날에
널뛰기 그네뛰기 풍성한 놀이마당
풍년을 기원하면서 농악놀이 흥겹다

뙤약볕 햇살 아래 창포꽃 샛노랗다
고향의 부모님께 안녕을 여쭈오니
단옷날 정겨운 소리 지천에 퍼지네

백의의 세시풍속 학처럼 순백이네
한겨레 노랫가락 어깨춤 들썩이고
춤사위 하늘 가르니 응답하라 단오야

인명사전

[문인순]
문인화 사군자의 선계에 들었나니
인의예 고결한 삶 백의를 걸치고서
순결한 마음 담아서 화폭으로 빛나네

[김경숙]
김 서린 창가에서 놀빛을 바라보다
경이의 순리에서 진실을 보았다네
숙명의 마음가짐을 승화시킨 꽃이여

[김은미]
금으로 빚어놓은 미인을 만났다네
은은한 눈빛에서 향기가 새록새록
미소띤 환한 모습에 어깨춤을 추누나

[강화영]
강으로 흐르다가 물결을 일으키듯
화사한 옷매무새 춤사위 백학일세
영생을 아우르는 듯 곱디고운 미소여

[김경옥]

금같이 눈부시게 세상을 비추노니

경국의 미색에도 온전한 성품이라

옥처럼 빛나는 눈빛 보름달이 환하네

태양은 떠오르고

태양은
떠오르고
산천은 의구하다

새 아침
밝아오는
희망을 바라옵고

영원한
백의 한민족
누천년 이어가리

안중근 유묵 서각 전시회

자존의
순국선열
살붙이 버리고서

호국의
일념으로
지켜낸 조국강산

생명샘
넘쳐나리니
대한국인 안중근

※「안중근 의사 순국 115주년 기념」송천 염영선 유묵 서각 전시회에서

제2부. 구시포 바다의 노래

오동꽃

청산에 둘러앉은 오뉴월 푸른 날에
흰구름 지나는 듯 동부새 불어오니
그리움 가들막하여 오동꽃이 정겨웁다

곳마다 연보랏빛 물안개 피어나고
산까치 어여쁜 눈 한입에 하늘 물어
저만치 바라다보니 고운 정 미소 짓네

청정한 마음 다려 오동꽃 펼쳐놓고
왼종일 서성임을 누구랴 알랴마는
그믐밤 고즈넉하여 임께서 오시려나

구시포 바다의 노래

바다는 하늘 닮아 저리도 애닯도다
수평을 바라보며 소리를 질러보라
구시포 가슴앓이가 모래밭에 숨도다

노래를 불러보라 파도의 출렁거림
하늘에 뭉게구름 우주의 섭리 따라
백사장 금빛모래밭 놀빛처럼 고웁다

여리게 들려오는 추억을 더듬다가
숨겨진 밀어들을 파헤쳐 들춰내어
구시포 바닷가에서 사랑가를 부른다

꽃무릇 비가(悲歌)

사윈 듯
피는 꽃이
별리의 시작인가

꽃무릇
치맛단에
노을빛 잠기운 듯

잎 지고
꽃 피는 것이
찰나인가 하노라

꽃무릇
그리움에
온밤을 지새우다

진홍빛
고운 빛깔
지천을 헤매다가

저리도

여린 가슴을

홍무(紅霧)로 채우련가

만월

경수산 높은 봉에
달빛이 교교하다

영롱한 둥근달이
달무리를 거느린 듯

성글은
풀벌레 소리
구슬프게 우짖는다

가을밤 깊어가도
잠들지 못하는 추억

빛바랜 추녀 끝에
달빛을 아우르다

설익은
대추나무에
떨어지는 보름달

자귀나무

꽃구름 피었는가 무념의 자귀나무
먼발치 바라봐도 바람에 구름 가듯
실비단 둘러 입고서 죽비 들고 서 있다

나무로 자라나서 고행을 수행하듯
정중동 기약 없는 세월을 등에 업고
뙤약볕 그림자처럼 꿋꿋하게 서 있다

석정의 벚꽃

석정의
벚꽃길에
봄기운 완연하다

함박꽃
함박웃음
모두가 하나로세

오르막
내리막마다
살가웁게 피우네

서해 낙조

놀빛이 우거진 바다를 보았는가
인연의 파도처럼 운무는 진홍 빛깔
천지가 붉은 낙조에 한 땀 한 땀 저문다

하이얀 날갯죽지 힘주어 펼쳐놓고
낮과 밤 사이사이 살포시 출렁이는
해 질 녘 고운 빛깔에 서해 낙조 애달프다

개이빨산

광나무 후박나무 푸르름 자랑 마라
연천동 개이빨산 눈부신 풍경일세
흰 구름 걸쳐 입고서 도솔천에 취하네

서해를 바라보는 견치산 눈부시다
이끼옷 비단인 양 멧새들 춤을 추고
솔잎향 뿌려놓고서 푸른 나래 펼친다

하늘에 맞닿은 산 속세를 바라보다
실바람 간드러진 고운 정 꿈꾸는가
사계절 합장하고서 묵언하며 사는 산

※ 개이빨산(견치산) : 선운산의 봉우리(345m)

갈잎에 잠들다

해거름 번뇌 일어 마음이 산란하여
놀빛 스며드는 갈잎에 드러눕다
삶이란 늘 고되어서 왔다가는 고달픈 길

어이해 뿌리치지 못하고 붉게 울먹이는가
그대여 고독이란 홀연히 오가는 것
내 마음 처연하게도 뭉게구름 흩어지네

천지간 조화로움 뜨겁게 타는 낙조여
독백은 가라앉고 어둠은 짙어지고
지나는 나그네인가 산천은 말이 없네

참당암(懺堂庵)

청아한 독경소리 참당암 푸른 숲에
새소리 바람소리 물소리 무아지경
버선발 끌어안고서 고개 숙인 장사송(長沙松)

이끼 낀 세월 속에 티 없이 살아온 산
선운산 참당암에 고요만 머무는가
노스님 기침 소리에 멈춰버린 적막감

대들보 걸쳐놓은 도솔산 바라보니
흰 구름 두리둥실 속세를 등졌구나
찰나에 둥그런 미소 파르라니 솟는다

선운산 풍경

산짐승 무리 지어 우짖는 구월의 밤
적막한 능선 따라 노스님 독경소리
마침내 장삼 헤아려 법문을 내려놓다

애절타 떠나가신 님에게 합장하고
바람도 비켜가는 선운사 대웅법당
드리운 산 그림자에 청기와도 조는 듯

어여차 두리둥실 구름에 세월가듯
물 흐른 선운골이 저리도 은은하다
연리지 꽃다운 정을 천년만년 누릴까

도솔산에서

청량한
새소리에
장사송 바라보는

동자승
해맑음에
따스한 햇살 가득

고요가
머물다 간 곳
도솔산이 환하다

곰소만 노을

인두에
불을 댕겨
운무를 뿌려놓고

적토마
갈기같이
시공을 곧추세워

인걸들
모여들더니
광채육리 환하다

선운산 단풍

선운산 가을단풍 갈잎도 한 잎 한 잎
임께서 풀어헤친 해 질 녘 서해 낙조
불붙은 선운산인가 천지가 황홀하다

선운산 골짜기에 흐르는 독경소리
마애불 무념무상 동자승 눈을 뜨네
발아래 청량한 물이 이처럼 붉어질까

허공에 단풍잎이 툭하고 떨어지니
세월이 흐르다가 숨결을 고르는 곳
놀빛에 선운산 단풍 파르라니 지는구나

선운사(禪雲寺)

찬란한 광채 올려 마음을 구르다가
사유가 깊어지니 동백꽃 타오르고
굽이쳐 돌아오는가 천오백 년 푸른 이끼

옛 생각 고이 접어 살포시 미소 짓던
잠길 듯 이어지는 살가운 풍경소리
도솔천 흐르는 물에 독경 소리 물결치네

하늘은 높아지고 마음도 활개 펴니
꽃무릇 만개하여 천지가 화원일세
햇살에 눈부신 아침 부처님이 실눈 뜨네

서해랑길에서

저녁놀
벗 삼아서
기러기 날아가고

바닷가
잔바람이
반기듯 인사하네

적막한
갈대숲에서
들려오는 시나위

제3부. 상사화

상사화

끝없는 사유의 길 마음 달래 벼리다가
허투루 변심처럼 파계를 작심한 날
심장의 불꽃이 일어 산자락을 깔았네

꿈길로도 산길로도 그리움이 타는 세월
범종소리 잠 못 들고 별을 헤던 가을밤을
불현듯 말문을 열어 꽃대 곧게 올렸네

선운사 산문 따라 꽃자리가 깔린 길에
누구라 할 것 없이 안타까운 한마디쯤
번져온 사랑 이야기가 가을 숲을 태우네

명자꽃

명자꽃
붉디붉어
고운 정 피워내고

세속의
아픔인 양
언저리 속삭임에

사랑가
부르다가도
멈춰서는 햇살들

동백꽃

도공의
숨결인 듯
함초롬 피워내어

용광로
불꽃처럼
가지에 타오르니

빛남의
범주에서는
으뜸인가 하노라

수선화

산방에
피는 꽃이
바람의 날갯짓에

수선화
하도 예쁜
고요한 밤하늘에

백의를
둘러 입고서
함박웃음 짓는다

목련화

밤새워
울먹이듯
심금을 두드린다

고요의
소용돌이
하얀 잎 자진모리

속앓이
애처로움에
눈을 뜨는 목련화

백련화

세상의
온갖 것을
떠안아
보듬고서

고행의
몸짓으로
포근히
감싸주고

선경의
황톳빛으로
미소 짓는
성자(聖者)여

선운산 꽃무릇

선운사
범종소리
우중에 은은하다

비우고
피었나니
노을빛 물들었네

산사의
깨달음인가
붉은 물결 흐르네

분홍 상사화

사윈 듯
피는 꽃이
별리의 시작인가

진분홍
치맛단이
적무에 감기운 듯

잎 지고
꽃 피는 것이
찰나인가 하노라

해당화

둥근달
바라보는
해당화 붉은 입술

누구를
부르는가
목이 쉰 뼈마디여

만조에
부서지는 너
잔가시에 눈을 뜨네

능소화

불그레 젖어가는 노을빛 거두어서
천년의 사랑 담아 능소화 피고 지고
첫새벽 이슬 털고서 일어서는 기다림

청설모 쏜살같이 솔잎 향 털어내듯
구름도 가라앉아 기운 달 젖어가듯
스르르 고개 숙이는 바람 같은 여인아

애절한 사연 담아 툭 툭 툭 떨어지며
혼자서 기다리는 외줄기 인생인가
애닯다 서러워 마라 가시 없는 꽃이여

홍련화

동트는
새벽녘에
하늘빛 쓰다듬어

새초롬
피어나는
동녘의 빗살무늬

화들짝
놀라는 개벽
홍련화여 홍련화

장미꽃

천사가
내려왔나
솟아난 꽃봉오리

수려한
미모에다
예쁘게 피었다네

살포시
미소 띠면서
가시 있다 하노라

백양꽃

구름이
흩어져서
꽃으로 환생하니

실개천
흐르는 곳
백양꽃 이름 지어

내장산
백양사랑초
순결하게 피었네

배롱나무꽃

공허를
뿌려놓은
풀벌레 울음소리

늦여름
서녘하늘
노을이 짙어오니

청아한
산들바람에
구름꽃이 피었네

위도상사화

그립단
말 못 하고
우수에 잠기운 듯

숭고한
약속으로
그대의 품 안에서

생사를
가름하고자
꽃 피우는 사랑아

가시연꽃

가시에
맺힌 사랑
물안개 피어나고

홀연히
다가오는
그리움 동여매고

밤새워
기다리다가
함초롬히 피었네

백도라지

길가에
홀로 서서
하늘을 바라보는

칠월의
백도라지
눈부신 흔들림에

오롯이
자태 뽐내며
사유의 길 걷는다

아그배꽃

서리꽃
눈부시게
아침을 열어놓고

가지에
반짝이는
경이의 아그배꽃

올곧게
꽃 피고 지는
구도자의 등신불

제4부. 고향 생각

고향 생각

하늘에 도화물결 붉게도 출렁인다
아래는 청산이고 여기는 무릉도원
시집을 펼쳐놓으니 고향 생각 절로 나네

두레박 던져놓고 맑은 물 뜨려다가
둥근달 빠져있어 어머니 생각나네
마음을 벗어버리고 살다 가신 어머니

별똥별 떨어지면 셋째가 왔다 하여
형제들 모두 모여 정답게 노닐다가
노을이 잠든 저녁에 꿈이었나 두렵다

어머니 1

세상의
온갖 것을
떠안아 보듬고서

고행의
몸짓으로
포근히 감싸주는

어머니
옥처럼 고운
미소 짓는 성자(聖者)여

어머니 2

추억을
더듬어서
유년에 들어서다

어머니
얼싸안고
눈물을 훔쳐내던

초가집
대숲 바람에
장맛비 쏟아지네

어머니 3

낮아진
달빛 따라
돌아와 앉은 생각

빛살은
청정한데
그림자 내려앉아

고요히
불어온 바람
예스러운 어머니

기다림

청초히
다려 입고
정갈한 몸짓으로

홍매화
뜰 안 가득
향기에 취했나니

임 발길
기다리다가
번쩍 깨는 백일몽

회한

회한을
펼쳐놓고
울음을 삼키나니

한탄강
흐르는 물
어버이 눈물이라

지는 해
바라보면서
가시밭길 걷는다

잠 못 드는 밤에

어둠에
지워지는
찰나의 기억들이

뇌파에
실핏줄을
거슬러 올라간다

희미한
상흔 꿰매다
토해내는 시어들

나 없어라

만월은
구름 사이
속가슴 드러내어

속가에
맺은 정을
휘영청 비추는데

눈가에
달그림자만
어른어른하더라

비우고 나니

높낮음
허허롭게
마음을 비우나니

마음은
평화롭고
만산은 홍엽이라

바람이
함께 가자고
구름같이 살자고

사유가 깊어지니

놀빛이
가득하여
사유가 깊어지니

생살을
도려내고
송곳을 꽂아본다

호수에
떠오르는 달
곱디고운 파열음

일상을 돌아보며

붉은 해
떠오르고
지는 해 노을일세

부대낀
세월만큼
자라온 사유 속에

청산리
흰구름 고운
미소 담은 하루여

그리움 1

시조를
읊조리다
임 생각 나는구나

하현달
떠오르고
바람만 부는구나

저 달이
임이었을까
구름만이 알겠네

그리움 2

거미줄
이슬 맺힌
실타래 풀어보니

조급한
가을밤에
그리움 공허하다

오롯이
갈무리하는
아스라한 실루엣

그리움 3

티 없이
맑고 맑은
눈부신
미인도(美人圖)여

동짓 녘
꿈속에서
임께서
오신다 하여

설한풍
대숲바람에
노루잠을
설치네

삶이란

황혼길
고즈넉한
월호정 가는 길에

그림자
어두워져
구슬피 바라보는

갯벌의
밀물 썰물이
인생살이 같구나

취한 밤이 서럽다

회한의
창문 열고
시조창 읊어보니

청산에
둘러앉은
멧짐승 멧새들도

소슬비
내리는 밤에
서러움에 잠든다

비움으로 살란다

생각을
벼리다가
자존을
일깨우다

자아의
깨달음이
이처럼
기쁘나니

뿌리로
갈무리하여
비움으로
살란다

멧짐승 소리

별들도
제 마음을
비워서
떠도는데

가녀린
눈빛으로
별똥별
주워 담네

저리도
시리운 소리
우짖고서
잠든다

제5부. 풍경 소리

보름달 1

단시조
읊조리다
눈높이 쳐다보니

만월이
일색이라
그림자 숨어든다

부끄럼
타는 새악시
파르라니 숨 쉬네

보름달 2

가람에
살면서도
하늘을 우러르고

부처도
설법하며
중생을 담았도다

다리운
싯귀 운율에
덩실대는 보름달

새벽달

새벽달
저무는 곳
곰소만 갯벌 따라

소소히
드리운 듯
빛살들 퍼득이다

은비늘
떨어뜨리고
파르라니 잠긴다

갈잎의 노래

보슬비
오락가락
갈잎이 처량하다

가신 임
그리움에
산모루 지나다가

갈잎에
저무는 하루
다소곳이 숨는다

목부작 바라보니

석곡을
심어놓은
목부작 감흥이라

산과 들
마음 따라
바람이 불어온 듯

오늘은
오매불망 임
꽃 핀 듯이 오실까

상현달 비추나니

호수에
잠긴 달에
고요가 숨죽인다

출렁임
바람결에
임께서 오시려나

새벽잠
설치고 나서
날갯짓에 눈 뜬다

봄이 오는 소리

설한풍
견뎌내는
동면의 잠자리에

기억의
장작불을
솟구쳐 피워놓고

속눈썹
보이지 않게
어금니를 깨물다

봄이 오는 소리 2

오롯이
피어나는
상큼한 꽃내음에

홀리는
구름자락
바람결에 향기롭다

동구 밖
옹알거리는
귀 간지런 실내악

풍경소리

초연한
심성으로
눈 뜨고 마음 뜨니

온갖 것
버리고서
정중동 몸가짐에

세상사
자진모리에
깨달음이 솟누나

파밭

파밭을
들춰내니
어머니 생각나네

땀방울
송골송골
미소 띤 자애로움

오호라
천만금 같은
자식 걱정 한평생

샘물식당

청라에
왔다 하여
샘물에 빠져든다

육시랄
복탕 맛에
혼까지 달아난다

덩달아
미소 정겨운
샘물식당 아줌마

과하주

기다림
익어가는
과하주 신비롭다

세월이
영글어서
술맛도 무지갯빛

여보게
청산녹수에
구름처럼 살게나

고구마

땅속의
고구마가
얼마나 자랐는지

궁금한
아낙네는
호미로 파헤쳤다

정성을
다한 보람에
숭얼숭얼 달렸네

백련사

바람이
한 잎 한 잎
시심을 일깨우다

백련지
꽃잎 되어
놀빛이 고운 산사

먼 생각
불러 여무는
백련사의 종소리

그리스로마신화에서

누천년
탈고 안 된
전설을 노래하고

신들의
성전 아래
갑옷과 투구 쓰네

영혼의
싸움을 지켜
현세에서 빛나네

뭉게구름

행적이
묘연하다
갓 쓰고 너털웃음

미로의
굴레에서
바람이 부는구나

생각의
끝자락에서
사윈 듯이 춤추네

애기단풍

참 예쁜
애기단풍
가을이 물들었네

마음도
정갈하여
심중에 그린 화폭

펼쳐서
드리운 하늘
곱디고운 아기네

석곡 목부작

가녀린
몸짓으로
하늘을 휘젓더니

백옥의
눈빛으로
이슬을 털어내고

발그레
웃음꽃으로
속삭이듯 안기네

친구 생각

안주가
남았으니
빈 술잔 채우고서

술잔을
떨구다가
처연한 흔들거림

잊혀진
친구 생각에
고개마저 떨군다

기러기 날아가고

소슬한
바람소리
달빛이 흔들리네

눈가에
이슬 맺힌
지조의 날개 펴고

올곧게
살고 싶어서
뜬눈으로 잠든다

부록. 시조 노래

고향 생각

허강 김영환 시
박우물 작곡

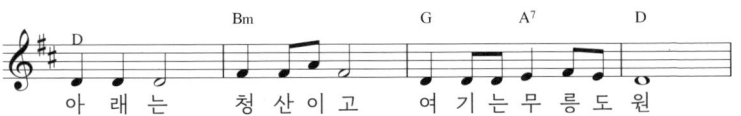

구시포 바다의 노래

허강 김영환 시
박우물 작곡

120